ALGO MÁS QUE EL BOSQUE

MIGUEL GANE

ALGO MÁS QUE EL BOSQUE

Ilustrado por Ignasi Font

MOLINO

Papel certificado por el Forest Stewardship Council®

Primera edición: abril de 2024

© 2024, Miguel Gane
© 2024, Penguin Random House Grupo Editorial, S. A. U.
Travessera de Gràcia, 47-49. 08021 Barcelona
© 2024, Ignasi Font, por las ilustraciones
Diseño de cubierta: Penguin Random House Grupo Editorial / Maria Soler

Printed in Spain – Impreso en España

ISBN: 978-84-272-4087-2
Depósito legal: B-1.737-2024

Compuesto en JuanStudio

Impreso en Gómez Aparicio
Casarrubuelos (Madrid)

MO 4 0 8 7 2

A mi pueblo, Leresti.

*A mis tíos, Razvan Caplan, Nicusor Caplan,
por compartir el amor a la montaña*

«¿Por qué no pueden vivir juntos los humanos y el bosque?».

La princesa Mononoke

Me da miedo despertarme un día y ser el único ser humano
de la Tierra.

Me da miedo saber que las letras se quedan atrapadas entre las páginas
de los libros cuando los guardo en la mochila o en la estantería,
y también me da miedo saber que la ropa está encerrada
en el armario cuando no la llevo puesta.

Me dan miedo los animales.

El miedo a los animales es como el miedo a la noche
o a las tormentas.

Sobre todo, me asustan los perros que vagan buscando comida en los contenedores de basura. O los que están esperando, impacientes, junto a las paradas de autobús. O junto al mercado. Todos tienen los ojos tristes y el pelaje sucio.

Y también temo a las garduñas.

Aunque la mayoría de las personas no sepan lo que son.

Mamá me dijo que hay dos tipos de miedo:
el que te hace salir corriendo y el que te paraliza.

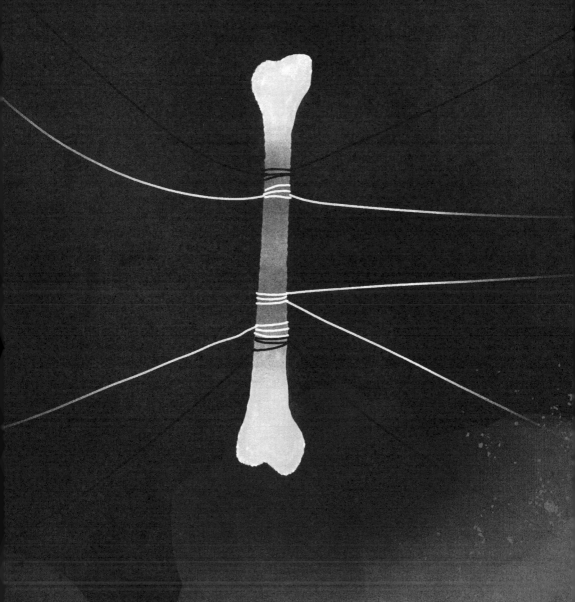

Yo nunca corro. Tan solo me quedo parado y espero.

Aunque en el colegio aprendí que algunos animales
pueden oler el miedo.

Por eso siempre llevo incienso en los bolsillos.

Mamá también me dijo que mis bolsillos son como un saco.

Un saco en el que guardo todo lo que soy.

Y, como nadie sabe de su existencia, a veces sueño
que mi saco es invisible. Tan invisible como
un tesoro oculto en el fondo del mar.

Y sueño con llenarlo de todas las cosas que quiero que estén
siempre conmigo.

Aunque también sé que llegará un día en el que tenga
que desprenderme de algunas de ellas.

Por ejemplo, ya no necesito la luz para quedarme dormido.

Pero sí conozco las capitales de todos los países del mundo,
más de trescientas palabras en ruso, los kilómetros exactos
que hay hasta cada planeta, y he contado hasta mil doscientos
treinta y cuatro millones quinientos cuarenta y tres mil setecientos
ochenta y nueve antes de dormir.

Mamá trabajaba cuidando bisontes hasta que uno de ellos le hizo una herida muy grande en una pierna.

Papá es guardabosques.

Mi abuelo, su padre, murió en el bosque por culpa de un rayo.

A mí me da miedo el bosque.

Y ahora también me dan miedo los bisontes.

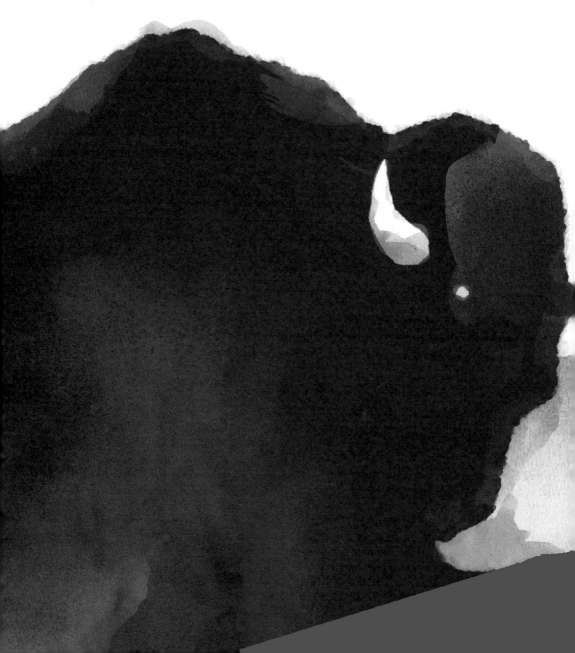

Pero papá quiso llevarme a la montaña porque dice que la mejor forma de superar los miedos no es enfrentándote a ellos, sino aceptándolos.

Además del incienso, me metí en los bolsillos un soldadito de plástico y una linterna pequeña.

Tras las lluvias de la primavera, papá tuvo que trabajar en la apertura de un nuevo sendero en la Ruta de la Gallina, para que así la gente pudiese llegar hasta el pico de la Muñeca. Y hasta el pico de la Vieja.

Es un hombre muy alto y fuerte, con unas manos grandes y unos dedos tan largos que parecen ramas. Pero lo que más me gusta de él es que siempre va vestido con pantalones militares y botas marrones, y su bigote, espeso y negro, que le cae sobre el labio superior y que apenas se le ven los dientes cuando sonríe. Algunos vecinos lo apodan «el Alemán».

Con él me siento muy seguro en el monte.

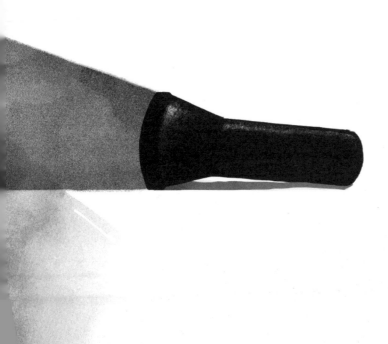

En la montaña, el miedo es diferente. Si me pasara algo, bastaría con correr cuesta abajo, porque alcanzaría una velocidad mucho mayor.

Cuando era pequeño, papá también acompañaba a mi abuelo al bosque.

Se encargaban de marcar cuáles eran los árboles enfermos, de mantener accesibles los senderos y de dejar pasto a los ciervos durante el invierno. Pero de lo que más orgulloso está es de la construcción del refugio del Gallo. Mientras los demás hombres cargaban ladrillos y sacos, papá les llevaba agua fresca del manantial de Arges.

También me contó que, en aquel entonces, tenía un perro que lo acompañaba a todas partes. Pero en uno de los últimos viajes que hicieron, con el refugio a punto de terminarse, salió corriendo detrás de un ciervo y nunca más regresó.

Cuando llegamos al refugio, extrajo una llave del bolsillo y abrió
la puerta secreta del cuarto de los guardabosques.

Entró y sacó varios troncos de leña, una barbacoa y una mesa. Luego
extendió un mantel blanco y colocó sobre él toda la comida que
llevábamos: tomates, cebolla roja, pepino, queso y tocino ahumados,
huevos cocidos, salchichón seco, sal y mostaza. Yo lo observaba. Su
movimiento seguro parecía el de un maquinista o el de un gimnasta.
Entonces me dijo que si podía acercarme al manantial para rellenar
de agua nuestras botellas.

Voy a ser tan veloz como un día de verano.

O como una gota de lluvia en el cristal.

O como un parpadeo.

Voy a ser tan veloz que atravesaré

todos los árboles y todos los valles.

A veces, algunas cosas tienen que llamarse por el nombre de otras para que puedan existir de verdad.

Miré a mi alrededor, me di la vuelta y comencé a girar. No reconocí el paisaje. No había sendero. Y sentí que me encontraba en las entrañas del bosque, rodeado por unos pinos altísimos.

Papá dice que somos muy pequeños cuando nos comparamos con los árboles.

El canto de los pájaros acompañaba a mi respiración agitada.
Pero yo no era capaz de escucharlos. Resollaba tan fuerte
que no me entraba bien el aire.

En un libro leí esta pregunta: «¿Qué se dice cuando todo lo que
te rodea es silencio?».

Mi voz se había metido en lo más profundo de mi pecho
y no podía gritar.

Tampoco podía moverme. Estaba mareado.

Miré hacia el cielo y tuve la sensación de que todo lo que
me rodeaba empezaba a dar vueltas mientras yo permanecía
quieto.

Cerré los ojos y me dejé caer sobre un colchón de musgo.
Un colchón blando y muy verde.

Mi abuelo decía que los caminos
más seguros pueden ser los más
peligrosos cuando uno
no sabe a dónde va.

Papá no estaba por ningún lado.

Todo se volvió oscuro.

Y esperé, y esperé, y esperé hasta que…

… un ruido me sobresaltó.

El corazón se me aceleró al instante.

Algo se removió entre los matorrales.

A veces solo hay que atreverse a mirar las cosas para que de verdad existan.

Papá me había hablado de los osos, lobos, zorros, jabalíes, ciervos
y conejos que habitan la Ruta de la Gallina.

Saqué el soldadito del bolsillo y apunté con él hacia la dirección
de la que salía ese ruido que me había sobresaltado.

Me coloqué en una posición defensiva, esperando recibir el ataque.

Mamá dice que una buena defensa puede ser un acto de ternura,
pero yo estaba dispuesto a disparar.

Una cabeza diminuta asomó tras una gavilla salvaje de flores
de las nieves.

Tenía unos ojos grandes, el cuerpo vestido por un pelaje lleno
de tonalidades marrones, largo como un día sin sol, aunque ni
muy grande ni muy pequeño, y unas patitas tan cortas como lápices,
sumergidas en unos calcetines blancos. Una lengua rosada
y prolongada descansaba fuera de su boca, jadeando, juguetón.

Llevaba una gran cruz marcada en su frente.

Era un perro. Un perro pequeño. Un perrito.

Se acercaba a un paso muy lento. Yo seguía en guardia, con los brazos en postura de boxeador.

Él movía su cabeza de lado a lado como si estuviese bailando un vals. Me dirigía una mirada dócil pero profunda, una mirada distinta a todas las que conocía.

Cuando estuvo cerca de mi pie, lo aparté de una patada.

Soltó un aullido y se echó hacia atrás.

Volvió a intentarlo y esa vez le di más fuerte.

Gimió, y su llanto pareció escucharse en todo el valle.

Y, cuando lo tuve a tiro, disparé con mi soldadito.

Entonces se tumbó sobre la hierba y descansó el hocico sobre

sus patas delanteras.

Guardé mi soldadito en el bolsillo.

Yo también me senté, apoyando mi cuerpo en un tronco.

El perro no se inmutó. Me quedé a una distancia prudencial,

la suficiente como para poder levantarme en caso de que fuese

hacia mí. No podía perderlo de vista.

Pero la tarde iba cayendo sobre el bosque y yo no tenía frío, ni hambre, ni tanto miedo. Y, aunque nada se estuviese moviendo a mi alrededor, la soledad había desaparecido.

Escogí una piedra verde y redonda, y me la metí en el bolsillo.

Intenté mantenerme despierto, pero quise cerrar los ojos durante cinco minutos…

Un cuerpo caliente yacía pegado a mis piernas.

Pegué un salto. Me había quedado dormido.

Giré la cabeza y vi que el animal también se había incorporado.
Me miraba con atención.

Sobre la hierba estaban dibujadas las siluetas de dos cuerpos.

Agarré la piedra y levanté la mano para lanzársela.

El sol recogía sus ramas de luz, y el bosque se refugiaba
en la duermevela de las horas inciertas.

Se mantuvo quieto frente a mí. Tan quieto como un poste de luz.
Tan quieto como un pozo.

Hay seres que son así: aunque los rechaces, siguen estando a tu lado.

Y supongo que esa es su forma de amar:

caminar junto a la persona que trata de alejarse.

Sus patitas blancas habían desaparecido bajo la hierba fina.

Pasados unos pocos segundos, se perdió tras las mismas flores de las nieves por las que lo vi aparecer.

Papá me dijo que la soledad es una elección propia, que los amigos que te tienden la mano lo hacen porque esperan que la agarres.

Y también que, para que las cosas existan, hay que ponerles un nombre.

Lalu. Así se llamaría, Lalu.

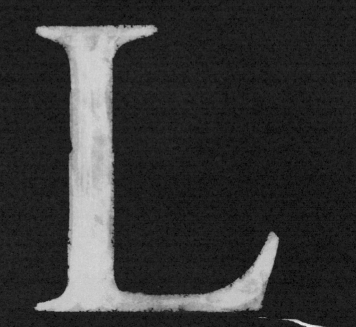

También me dijo que, si alguna vez me perdía en la montaña,
debía seguir un sendero.

Mi cuerpo se irguió en un movimiento repentino, y una leve brisa
me golpeó el rostro.

Me adentré en la profundidad del bosque.

Lalu me esperaba parado junto a los troncos de unas hayas.

Volví a guardar la piedra en el bolsillo.

Caminamos entre pinos tan altos como las nubes, alisos tan poblados
de hojas como una gran ciudad, y enebros que bailaban entre tomillos
acostados y flores del sol.

Caminamos entre rocas que se mezclaban con peonías violetas
y entre amplios pastos en los que la hierba me llegaba hasta
la cintura y donde las abejas zumbaban en mis oídos, inocentes,
curiosas.

Era tan bonito que parecía un cuadro, un cuadro tan bello como
los primeros días de vida y tan acogedor como las caricias de mamá.

Corría tras Lalu lleno de alegría, tocando con la palma de las manos la punta de las espigas, ahuyentando a todos los insectos que descansaban plácidamente. Él se movía con emoción, sus orejas volaban entre el lino de montaña y sus patas parecían pisar la hierba con la delicadeza de una vela.

De repente, se giró y se dirigió hacia mí. Sus saltos eran graciosos. Esprintaba a mi alrededor como si fuera un tiovivo, buscando algo de diversión. Pero yo jamás había jugado con un perro, así que no sabía muy bien qué hacer. Saqué la linterna del bolsillo, se la mostré y la lancé hacia el horizonte de la colina. Lalu salió disparado para cogerla. En unos segundos, la tenía bajo mis pies, llena de babas. Volví a repetirlo. Me la devolvió de nuevo. Y otra vez. Y el resultado fue el mismo.

Nunca había conocido una felicidad semejante.

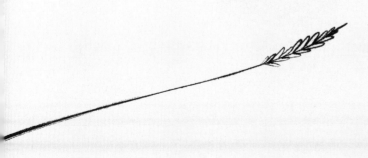

Algunas cosas son tan mágicas que me basta con mirarlas una vez para que terminen formando parte de mis bolsillos.

A veces, el bosque es como un libro, un libro que es capaz de tener en una misma página dos caras completamente diferentes:

una blanca

y otra negra.

En una clase de Historia, la maestra nos dijo que nunca se terminan
de conocer las cosas hasta que no se descubren todas sus heridas.

Lalu y yo seguimos caminando hasta que, frente a mí, apareció algo
semejante al escenario de una guerra.
Había cientos de árboles caídos,

enormes troncos pudriéndose sobre la tierra,
caminos y hierbas marcados por grandes ruedas de tractores,

ríos convertidos en riachuelos,
colinas desnudas, desiertas de vida,

y un olor sombrío de cuerpos muertos,
de hojas castigadas por el hambre.

Me encontré con todo el dolor del bosque y lo sentí como si fuese mío, como si todos mis miedos aparecieran de golpe: me había convertido en el único ser humano de la Tierra.

Todos los animales salvajes nos rodearon, y gruñían y aullaban y gritaban, y yo no volvería a ver a mis padres nunca más.

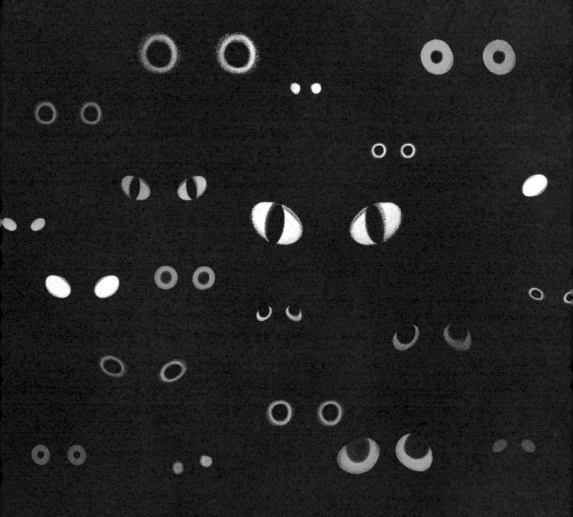

La desolación es la falta de sol.

El viento movía las puntas de los pocos pinos que aún quedaban con vida. Ver el bosque de esa manera me entristecía profundamente. Papá nunca me había hablado de ello.

Nos metimos por un sendero desconocido para los humanos, dejando atrás aquel escenario gris. Estaba tapado por una cortina de hierbas altas y frondosas. Andaba con paso lento, agotado, esquivando las ortigas y las zarzas. Mi compañero recorría el camino como si él mismo lo hubiese inventado.

Una roca enorme con un agujero que parecía ser una cueva asomó frente a mis ojos.

Dos cabezas diminutas aparecieron desde dentro. Eran idénticos a Lalu. Lo primero que pensé es que serían hermanos. Lo único que los diferenciaba era la marca en su frente: el más pequeño llevaba una espiral y el otro, más adulto, lucía dos figuras que parecían unas campanas.

El más pequeño salió disparado hacia Lalu. Lo embistió con su hocico y se elevó sobre su lomo mientras agitaba alegremente la cola.

El otro, el más adulto, tras un intercambio de miradas tan breves como un aleteo, comenzó a ladrar mientras se dirigía hacia mí.

Un calor intenso afloró en mi piel, las piernas me tambaleaban
y las manos me sudaban mientras buscaba la piedra en mi bolsillo.
Pero estaba tan nervioso que, en lugar de la piedra, saqué el soldadito
de plástico.

Lo apreté con fuerza entre mis dedos.

Pero la carrera de mi atacante se vio frustrada. Con gran agilidad,
Lalu interpuso su cuerpo entre los nuestros y comenzó a gruñir
con un sonido profundo y tan denso como el eco, un sonido que
infundía verdadero miedo. Se paró en seco. Frente a frente, el
perro de las campanas le enseñaba los colmillos, feroz. Pero
nada podía con la autoridad de mi compañero.

Y luego se hizo el silencio. Dio media vuelta y se encaminó hacia
la cueva. Lalu me miró y sus ojos dibujaron la silueta de un perdón.

El soldadito de plástico se había roto.

La luz se había esfumado entre los restos de los árboles caídos
y de las zarzas densas que rodeaban la cueva. Faltaba poco para
que la noche lo invadiese todo.

Me senté. Lalu se quedó cerca de mí. El pequeño, al que había decidido
llamar Rosu, estaba tumbado a su lado. Tambura, que era el nombre del
que me atacó, permanecía oculto en el fondo de la cueva, agazapado
e inmóvil. Se respiraba una tensión muy pesada. Yo seguía muerto de
miedo y, al mismo tiempo, comprendí que había hecho un amigo.

La palabra «amigo» viene del verbo «amar».

Limpié el musgo que cubría la piedra de la cueva. Me relajaba su tacto aterciopelado, blando, que se iba desprendiendo como si fuese la piel de una manzana. *Si tuviera más, podría construir una cama,* pensé.

Los perros descansaban sobre la tierra.

Mamá me dice que hay que tener cuidado con las personas a las que dejas entrar en tu hogar, que compartir esa intimidad es como enseñar tu diario o el cajón de tu ropa interior.

Tambura lo sabía muy bien: no permitiría que ningún extraño invadiera su casa.

Algo empezó a moverse afuera. Todos los perros alzaron la cabeza y se incorporaron inmediatamente. Alerta. ¿Sería papá?

Comenzaron a ladrar con rabia. Me levanté. Estaba muy asustado, pero me protegí tras sus cuerpos. Saqué la linterna de mi bolsillo y, después de varios golpes, conseguí encenderla. Ellos ya estaban asomados a la ladera. Enfoqué hacia lo lejos y entre los matorrales apareció un cuerpo grande y peludo, erguido sobre sus patas traseras, con unas largas garras afiladas y una expresión salvaje.

Era un oso.

Tambura corrió hacia el animal y, sin mostrar ningún tipo de temor, se lanzó sobre su lomo. El oso sintió los colmillos clavándose en su carne y rugió. Batallaron durante varios segundos. Pero consiguió quitarse al perro de encima con una rabia descomunal. Le arreó un zarpazo y este soltó un gañido sonoro mientras salía disparado hacia las zarzas. Lo había herido. Al ver que no se levantaba, el oso corrió hacia él.

Agarré la piedra y la lancé, aunque ni siquiera me acerqué.

Desde la oscuridad, Lalu apareció con un gruñido diez veces
más potente que el del oso.

Este se detuvo, sorprendido y asustado. Lalu se encaró con él,
mostrándole los colmillos. Y fue tal el poder de ese gesto que su
adversario se dio media vuelta y salió corriendo hacia el bosque,
perdiéndose enseguida en la oscuridad.

Rosu y yo estábamos temblando.

Hay seres que tienen superpoderes.

Por ejemplo, los actores que se lanzan desde coches en marcha
o los pilotos que logran hacer volar enormes aviones.

O los perros que luchan contra osos.

Tambura yacía en el suelo, golpeado y muy malherido. Agarrándolo por el lomo, Lalu lo arrastró hacia el interior de la cueva. Los dos hermanos comenzaron a lamerle la cabeza y las costillas. Yo no fui capaz de mirar su rostro.

Una lluvia fina se vertía sobre el bosque, empapando todo con un sonido libre y constante.

Metí la mano en el bolsillo y lo supe enseguida: el olor del incienso había atraído al animal hacia nuestra cueva.

Papá me había contado que, desde que se quedaron sin hogar, los osos tienen mucha hambre. Por eso nos atacó.

Enterré el incienso en el lugar más profundo de la cueva.

Me dormí.

Un rayo abrasador me dio en la cara. Abrí un ojo y vi el sol frente a nuestro refugio. Un pájaro carbonero cantaba en algún lugar. Nada se movía, a excepción de unas gotas de lluvia que caían desde el saliente de una roca. Dirigí la mirada hacia todo lo que me rodeaba y, pegados a mis pies, encontré a Lalu y a Rosu.

No había señal de Tambura. Lo único que quedaba de él era un reguero rojo que salía de la cueva y se adentraba hacia el bosque.

Extendí la mano para acariciar la cabeza de Lalu. Recorrí con los dedos la cruz de su frente. Era la primera vez que tocaba a un animal de aquella manera tan íntima. Enseguida, la pequeña lengua de Rosu me lamió el brazo mientras sus grandes ojos me miraban fijamente, demandando atención. Con la otra mano, toqué la línea de su espiral y volví a quedarme dormido.

Mil doscientos treinta y cuatro millones quinientos cuarenta y tres mil setecientos noventa...

A lo lejos, había una voz. Era profunda pero tranquila, sin gritos pero tampoco silenciosa. Repetía mi nombre una y otra vez.

Abrí los ojos y vi que los pinos tocaban el cielo con sus puntas.
Una leve brisa los movía y algunos pájaros volaban sobre un azul
de verano como si fuesen pinceles recorriendo un lienzo.

Me había desmayado.

Cuando me incorporé, divisé una figura borrosa dirigiéndose hacia mí. Una figura grande, verde. Palpé mis bolsillos y me encontré el soldadito de plástico. Lo saqué rápidamente y apunté con él hacia aquel cuerpo.

Disparé.

Sin hacer ningún movimiento brusco, los brazos de papá
me recogieron del suelo. Sus manos se posaron sobre mi
cabeza mientras me apretaba fuertemente contra su abdomen.
No decía nada.

Cuando me soltó, observé el paisaje. Era uno conocido, uno idéntico al sitio donde me topé con Lalu.

Estaba en las entrañas del bosque, rodeado por unos pinos altísimos, junto a papá.

En mis bolsillos estaban, intactos, el soldadito, el incienso
y la linterna.

A mi lado, había una piedra verde y redonda.

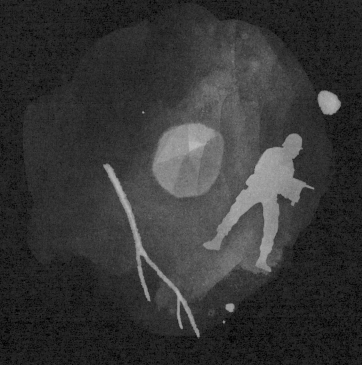

En mis bolsillos, intacto, había algo más que el bosque.

Y ya no le tenía miedo.

NOTA DEL AUTOR

Esta historia nace tras una excursión a la montaña. Era domingo, y quería subir hasta el pico de la Muñeca, a 2.391 metros sobre el nivel del mar. Este pico se encuentra en Rumanía, en los montes Cárpatos.

Cuando llegué y aparqué el coche, cogí el equipaje del maletero, llené varias botellas de agua en un riachuelo y comencé la ruta. Salía desde Voina, un complejo turístico situado a 966 metros, una zona muy bella aunque castigada por la tala de árboles y conocida por la visita inesperada y constante de animales salvajes. Me dirigí hacia un camino forestal en el que grandes camiones esperaban, pacientemente, a ser cargados con troncos de madera. Pensé que, desde que era pequeño, nunca había dejado de verlos recorriendo las calles de mi pueblo, perdiéndose en un horizonte incierto. Se dice que en un año se tala tanta madera en los Cárpatos que, si colocáramos un vehículo tras otro desde allí, en fila, llegaríamos hasta China.

Seguí mi viaje sin pararme. Pero enseguida me di cuenta de que no estaba solo. No le di mucha importancia; *tal vez sea algún ciervo perdido,* pensé.

Pero, tras avanzar algunos cientos de metros de pendiente, escuché ruidos de pisadas y me inquieté. Por si acaso, silbé para avisar de que estaba ahí. Y entonces me apoyé en un saliente de tierra a esperar.

Para mi sorpresa divisé, a una distancia prudencial, a dos perros. Uno era muy pequeño y la otra, que debía de ser su madre, era una perra adulta. Primero pensé que se habían perdido. Así que me agaché y los llamé. Los animales se acercaron con timidez e incluso con miedo. No llevaban ningún collar y, por lo descuidado de su pelaje, entendí que no pertenecían a nadie. Abrí mi mochila, agarré un trozo de tocino y se lo lancé. Lo engulleron enseguida. Luego volví a lanzarles otro. Cuando los tuve al lado, me dejaron acariciarlos. Habíamos creado un lazo.

En cuanto retomé el camino, ellos partieron conmigo. Pude observar cómo se movían por la montaña, cómo conocían algunos atajos que yo jamás había visto, e incluso dejé que me guiasen apartándome del sendero. A cambio, cada cierto tiempo, los proveía de agua y de más comida.

Al llegar a la cima, estuvimos descansando varios minutos y, como hacía mucho viento, nos encaminamos hacia el refugio. Los animales se paraban a jugar con las pocas personas que nos cruzábamos, y el más pequeño se divertía saltando entre la hierba y mordiendo las plantas ya sin ningún tipo de pudor.

Como estaba previsto, paramos en el refugio para descansar. Tenía cierto temor a que mis compañeros se marchasen, así que no pude descansar bien. Cada vez que se movían, levantaba la cabeza para observarlos. Pero me esperaron. Incluso fueron ellos los que decidieron que nuestra pausa había terminado porque, tras cerca de cuarenta y cinco minutos, se incorporaron y se acercaron a olisquearme. Y entendí que debíamos partir.

Me guiaron de vuelta hasta mi coche, donde repartí el último pedazo de salchichón que me quedaba. Mi primer impulso fue querer llevármelos a casa, protegerlos. Y lo habría hecho de no ser porque, en cuanto terminaron de comer, se marcharon, sin despedirnos siquiera. Los observé alejándose en busca de otros que, como yo, querían algo de compañía.

Entonces comprendí que ese era su hogar. Comprendí que, a pesar de las circunstancias, se habían acostumbrado a esa vida salvaje, sin dueños, a esa vida llena de peligros y de incertidumbre. Comprendí que eran perros que pertenecían, en definitiva, al bosque, que eran unos perros libres, y que debía marcharme a casa y escribir este libro.

MIGUEL GANE